Las Serpientes

Melissa Stewart

NATIONAL
GEOGRAPHIC

Washington, D.C.

Para Rubin
—M. S.

Libro en rústica ISBN: 978-1-4263-2596-0
Encuadernación de biblioteca reforzada ISBN: 978-1-4263-2597-7

Tapa: © Heidi & Hans-Jurgen Koch/drr.net; 1: ©Shutterstock/Skynavin; 2, 20-21, 25 (al medio), 32 (abajo, izquierda): © Digital Vision;
4-5: © Michael D. Kern/Nature Picture Library; 6-7: © Jerry Young/Dorling Kindersley/DK Images; 7 (arriba): © Colin Keates/Dorling
Kindersley/Getty Images; 8, 9, 32 (arriba, derecha); © Norbert Rosing/National Geographic/Getty Images; 10: © DeAgostini Picture Library/
Getty Images; 11 (arriba): © Joe & Mary Ann McDonald/Getty Images; 11 (abajo, izquierda): © Anthony Bannister/Gallo Images/Getty Images;
11 (abajo, derecha), 27 (abajo), 32 (al medio, izquierda): © Michael & Patricia Fogden/Corbis; 12 (arriba): © Lowell Georgia/Corbis;
12 (abajo): © Michael & Patricia Fogden/Minden Pictures/National Geographic Stock; 13: © Frank Lane Picture Agency/Corbis; 14 (arriba),
32 (arriba, izquierda): © Bianca Lavies/National Geographic/Getty Images; 14-15: © Joe McDonald/Corbis; 16, 25 (arriba), 32 (abajo, derecha):
© Ashok Captain/ephotocorp/Alamy; 17 (arriba, izquierda): © Image Source/Corbis; 17 (arriba, derecha): © Paul Chesley/Stone/Getty
Images; 17 (abajo): © Dwayne Brown/Brownstock Inc./Alamy; 18: © Francois Savigny/Minden Pictures; 18-19 (abajo): © Tony Phelps/Nature
Picture Library; 19 (arriba): © Dr. George Gornacz/Science Photo Library; 19 (abajo, derecha): © S. Blair Hedges, Ph.D., Penn. State;
22 (arriba, izquierda): © Frans Lemmens/zefa/Corbis; 22 (arriba, derecha), 23 (arriba, derecha): © Michael & Patricia Fogden/Minden
Pictures; 22-23 (fondo): © Darrell Gulin/Corbis; 23 (arriba, izquierda), 31 (arriba): © Shutterstock; 24: © Dorling Kindersley/Getty Images;
25 (abajo): © Thomas C. Brennan; 26: © Stephen Dalton/Minden Pictures; 27 (arriba): © Mark Moffett/Minden Pictures/National Geographic
Stock; 28, 32 (al medio, derecha): © Theo Allofs/Corbis; 29 (arriba): © Oliver Strewe/Stone/Getty Images; 29 (abajo): © Werner Bollmann/
Photolibrary/Getty Images; 30: © John & Lisa Merrill/Photodisc/Getty Images; 31 (abajo): © A&J Visage/Alamy.

National Geographic apoya a los educadores K-12 con Recursos del ELA Common Core.
Visita natgeoed.org/commoncore para más información.

Impreso en los Estados Unidos de América
16/WOR/1

Tabla de contenidos

¡Es una serpiente!

¿Qué es largo y redondo y se desliza en la tierra?

¿Qué puede ser gordo o flaco y tiene la piel seca y escamosa?

AMAZON ÁRBOL BOA

¿Qué tiene una lengua que vibra y los ojos que no parpadean?

¡Por Dios …

… es una serpiente!

La serpiente es un reptil. Las lagartijas, las tortugas y los cocodrilos son reptiles también.

Todos los reptiles tienen escamas duras. La serpiente tiene la piel elástica entre las escamas.

El cuerpo de un reptil siempre tiene la misma temperatura que el aire que la rodea. Para calentarse, la serpiente se acuesta en el sol. Para refrescarse, la serpiente se va a la sombra.

Piel

Escamas

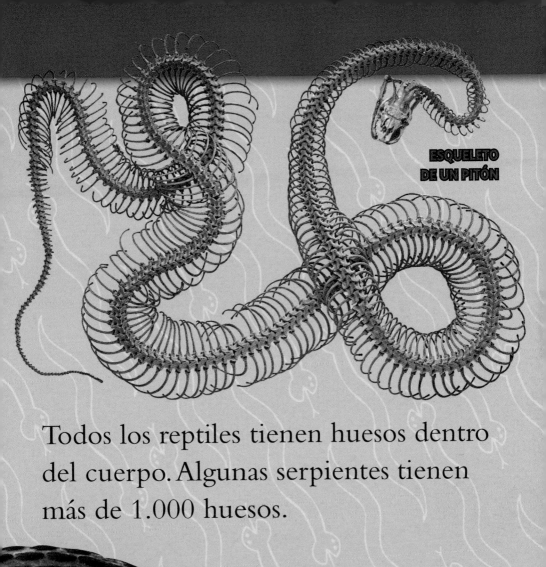

ESQUELETO DE UN PITÓN

Todos los reptiles tienen huesos dentro del cuerpo. Algunas serpientes tienen más de 1.000 huesos.

Esta serpiente se comió un huevo entero. Va a machucar el huevo y escupir la cáscara.

SERPIENTE COMEDORA DE HUEVOS

Serpientes por todos lados

Palabras-s··s

HIBERNAR: En invierno, algunos animales tienen dificultades para encontrar comida. Para ahorrar energía, sus cuerpos se mueven más lento. Descansan en un lugar seguro.

Las serpientes viven en los campos y los bosques. También viven en los desiertos y los océanos. Y hasta pueden vivir en los parques de las ciudades. Las serpientes pueden vivir casi en cualquier lugar.

La mayoría de las serpientes vive en los lugares cálidos. Están activas todo el año.

Algunas serpientes viven en los lugares frescos. En invierno, hibernan. La mayoría hiberna sola. Algunas serpientes hibernan en grupos grandes.

Cada invierno, miles de serpientes de jarretera hibernan juntas en el sur de Canadá.

En la primavera, las serpientes de jarretera salen de sus hogares cálidos.

Serpientes y más serpientes

COBRA INDIA CON HUEVOS

En los lugares cálidos, las serpientes mamás normalmente ponen los huevos. Luego, se van deslizando. No cuidan a los huevos.

La mayoría de las serpientes pone 20 o 30 huevos. Las pitones grandes pueden poner hasta 100 huevos.

Después de unas semanas, los huevos se rompen. Las serpientes bebés son idénticas a sus padres.

PITONES BIRMANAS NACIENDO

MAMBA VERDE NACIENDO

SERPIENTE DE CORAL NACIENDO

JOVEN CASCABEL DIAMANTINO

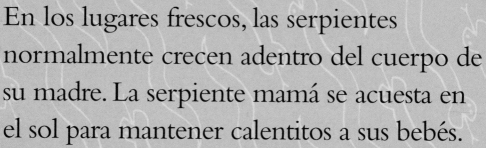

En los lugares frescos, las serpientes normalmente crecen adentro del cuerpo de su madre. La serpiente mamá se acuesta en el sol para mantener calentitos a sus bebés.

SERPIENTE BOCARACÁ CON SUS RECIÉN NACIDOS

SERPIENTE HETERODON CON SUS CRÍAS

La mayoría de las serpientes mamás tiene entre 5 y 20 serpientes pequeñas. Una serpiente heterodon puede dar a luz a más de 150 serpientes al mismo tiempo. ¡Imagínate cómo sería tener a todas esas serpientes moviéndose adentro de tu cuerpo!

El cuerpo de una serpiente nunca deja de crecer. A veces su piel se estira demasiado. Entonces, la serpiente necesita cambiar la piel.

CASCABEL DE LOS BOSQUES

COBRA EGIPCIA

La serpiente apoya la cabeza sobre una piedra. La piel se abre. Luego, la serpiente se arrastra hacia adelante. La piel sale en una sola pieza. Es como cuando te quitas un calcetín.

La mayoría de las serpientes cambia la piel 3 o 4 veces por año.

Palabras-s··s

CAMBIAR LA PIEL: Cuando los animales cambian la piel, pierden la piel, el pelo o las plumas. La piel nueva está debajo.

En movimiento

La mayoría de los animales tiene piernas y patas. Pero las serpientes no. Las escamas ventrales ayudan a la serpiente a moverse.

Escama ventral

Palabras-s-s

ESCAMAS VENTRALES: Las escamas anchas en el estómago de una serpiente.

SERPIENTE LORA

Una pitón se mueve hacia adelante en línea recta. Los músculos del estómago empujan sus escamas ventrales contra la tierra.

Las escamas ventrales no se pueden agarrar de la arena del desierto. La serpiente de arena tiene que girar su cuerpo hacia un costado para moverse.

PITÓN

SERPIENTE DE ARENA

La serpiente de jarretera mueve el cuerpo de un lado para otro. Sus escamas ventrales empujan contra el pasto y las piedras.

SERPIENTE DE JARRETERA

Super serpientes

La más pesada

ANACONDA VERDE
Una anaconda verde puede pesar
hasta 550 libras. ¡Es como un león!

La más venenosa

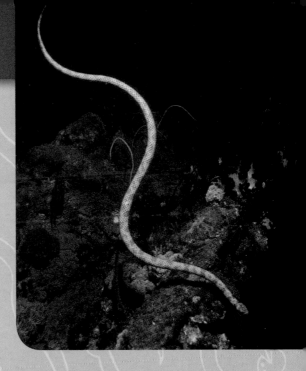

SERPIENTE MARINA DE PICO

Esta serpiente mortal vive en las aguas poco profundas del Océano Índico. Puede estar bajo el agua durante 5 horas.

Hay aproximadamente 2.700 diferentes tipos de serpientes.

La más pequeña

La más rápida

MAMBA NEGRA

La mamba negra puede moverse con una velocidad de hasta 12 millas por hora. Eso es dos veces más rápido que la velocidad a la cual las personas pueden correr.

SERPIENTE AGUJILLA

La serpiente agujilla fue descubierta en 2001.

Los sentidos de la serpiente

Las serpientes usan sus sentidos para escaparse de posibles peligros. Sus sentidos también les ayudan a buscar comida.

Serpientes con las pupilas redondas cazan durante el día. Serpientes con las pupilas largas y finas cazan por la noche.

Algunas serpientes huelen con la nariz. Pero todas las serpientes huelen con la lengua. Sus lenguas se separan en la punta. Esto les ayuda a saber si deben ir hacia la derecha o la izquierda.

Las orejas de una serpiente se encuentran muy adentro de la cabeza. El sonido atraviesa los huesos de la serpiente hasta llegar a las orejas.

Algunas serpientes tienen fosetas. Pueden percibir el calor corporal de otros animales. Las fosetas ayudan a las serpientes a cazar en la noche.

Fosa nasal   **Foseta**   **Pupila**

Palabras-s··s

PUPILA: La parte oscura en el centro del ojo. Permite que la luz llegue al ojo.

¿Dónde está la serpiente?

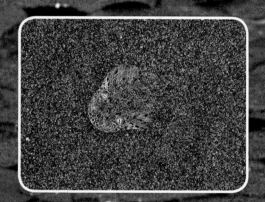 

SERPIENTE DE JARRETERA EN EL AGUA

Es difícil ver a muchas serpientes. Se camuflan en el ambiente donde viven.

¿Las puedes ver a las serpientes en estas imágenes?

Esconderse les ayuda a las serpientes a protegerse de los depredadores. También les ayuda a cazar a sus presas.

Palabras-s··S

DEPREDADORES: Animales que comen a otros animales.

PRESA: Animales que son comidos por otros animales.

¡Allí está la serpiente?

Algunas serpientes no se esconden de sus depredadores. Tienen otras formas de protegerse.

Algunas serpientes pretenden estar muertas cuando un enemigo se acerca.

SERPIENTE DE COLLAR

P ¿Si una serpiente fuera a la escuela, cuál sería su clase preferida?

¡Hiss-toria! **R**

Una cobra escupidora rocía a sus depredadores con un líquido venenoso.

Una serpiente de coral está llena de veneno. Sus colores brillantes son una advertencia para sus depredadores.

Algunas serpientes sisean a sus depredadores. Otras mueven la cola. La serpiente nariz de gancho occidental tira aire por la cola. El sonido del aire saliendo de la cola puede viajar a una distancia de hasta seis pies.

25

Meriendas de serpiente

La mayoría de las serpientes come 30 veces al año. Las serpientes atrapan a sus presas con sus dientes afilados.

Muchas serpientes tienen más de 200 dientes. Si pierden un diente, otro crece rápido en su lugar. Las cobras, las víboras y los crótalos tienen los dientes grandes. Éstos se llaman los colmillos.

SERPIENTE HETERODON

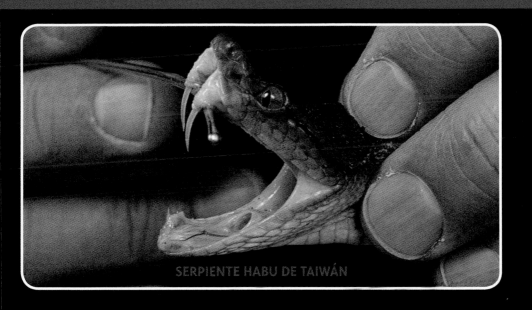

SERPIENTE HABU DE TAIWÁN

El veneno sale por agujeros en los colmillos de las serpientes. Algunos venenos paralizan a las presas. Otros matan a las presas.

SERPIENTE BOCARACÁ
ATACANDO A UN COLIBRÍ

La mayoría de las serpientes atrapa los animales pequeños. Comen ratones, ranas, peces y pájaros. Estas serpientes comen sus presas vivas.

SERPIENTE DEL ÁRBOL VERDE

Abren la boca completamente. Luego, tragan al animal por la cabeza primero.

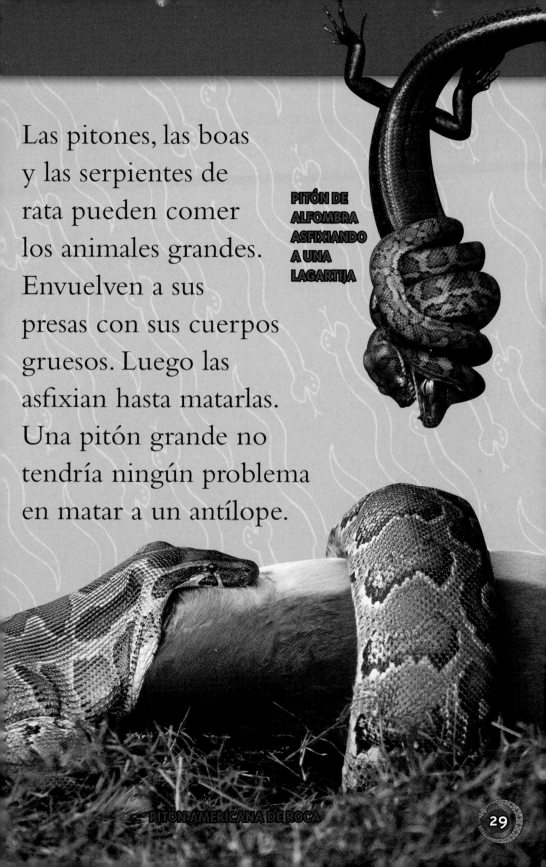

Las pitones, las boas y las serpientes de rata pueden comer los animales grandes. Envuelven a sus presas con sus cuerpos gruesos. Luego las asfixian hasta matarlas. Una pitón grande no tendría ningún problema en matar a un antílope.

PITÓN DE ALFOMBRA ASFIXIANDO A UNA LAGARTIJA

PITÓN AMERICANA DE ROCA

Serpientes mascotas

La mayoría de las serpientes no son peligrosas para los humanos. Las serpientes comen ratones, ratas e insectos que no queremos en nuestras casas o en nuestras plantas. Las serpientes son una parte importante de nuestro mundo.

BOA CONSTRICTOR

A algunas personas les gustan tanto las serpientes que las adoptan como mascotas. ¿Sabías que a las serpientes les da cosquillas? Y son frescas y secas y suavecitas. ¡No hay nada igual que una serpiente!

BOA CONSTRICTOR

PITÓN RETICULADA

CAMBIAR LA PIEL
Cuando los animales cambian la piel,
pierden la piel, el pelo o las plumas.
La piel nueva está debajo.

DEPREDADORES
Animales que comen a otros
animales.

ESCAMA VENTRAL
Las escamas ventrales son las
escamas anchas en el estómago
de una serpiente.

HIBERNAR
Algunos animales descansan en
invierno. Sus cuerpos se mueven
lentamente para ahorrar energía.

PRESA
Animales que son comidos por otros
animales.

PUPILA
La parte oscura en el centro del ojo.
Permite que la luz llegue al ojo.